WORKBOOK

"Wenn ich mein Leben noch einmal leben könnte,
im nächsten Leben, würde ich versuchen,
mehr Fehler zu machen.
Ich würde nicht so perfekt sein wollen,
ich würde mich mehr entspannen.

Ich wäre ein bisschen verrückter, als ich es gewesen bin,
ich würde viel weniger Dinge so ernst nehmen.
Ich würde nicht so gesund leben, würde mehr riskieren.
Ich würde mehr reisen, mehr Sonnenuntergänge betrachten,
mehr bergsteigen, mehr in Flüssen schwimmen.

Ich würde an mehr Orte gehen, wo ich vorher noch nie war.
Ich würde mehr Eis essen und weniger dicke Bohnen.
Ich würde mehr echte Probleme als eingebildete haben.

Ich war einer dieser klugen Menschen,
die jede Minute ihres Lebens fruchtbar verbrachten.
Freilich hatte ich auch Momente der Freude,
aber wenn ich noch einmal anfangen könnte,
würde ich versuchen, nur mehr gute Augenblicke zu haben.

Falls du es noch nicht weißt,
aus diesen besteht nämlich das Leben,
nur aus Augenblicken.
Vergiss nicht das Jetzt!"

(dieses Zitat wird Jorge Luis Borges zugesprochen)

Dorothea Kress

Raus aus alten Mustern

DAS LEBEN WIRKUNGSVOLL ÄNDERN

Anleitung zum Selbst-Coaching

New Life Tools

Bibliografische Information der Deutschen Nationalbibliothek:
Die Deutsche Nationalbibliothek verzeichnet diese Publikation in der Deutschen Nationalbibliografie; detaillierte bibliografische Daten sind im Internet über http://dnb.dnb.de abrufbar.

© 2015 Dorothea Kress, Berlin. Alle Rechte vorbehalten.
1. Auflage 2015

Umschlaggestaltung: Dorothea Kress mit www.canva.com
Herstellung und Verlag: BoD – Books on Demand, Norderstedt

ISBN: 978-3-7347-8655-6

Dieses Werk einschließlich aller seiner Teile ist urheberrechtlich geschützt. Jede Verwertung außerhalb der engen Grenzen des Urhebergesetzes ist ohne Zustimmung der Autorin unzulässig und strafbar. Dies gilt insbesondere für Vervielfältigungen, Übersetzungen und die Verarbeitung in elektronischen Systemen.

INHALTSVERZEICHNIS

Für wen ist dieses Buch?..7
EINFÜHRUNG..9
RUNTER VOM SOFA!..13
IM FLUSS DES LEBENS 15
DAS ÄNDERN LEBEN..17
AUS ERFAHRUNGEN LERNEN..21
Entwicklung auf zwei Ebenen..21
Situationen als Ausgangspunkt..25
Ein praktischer Werkzeugkasten..26
KAPITEL 1 FEHLERKULTUR..29
Fehlermeldungen..30
Das fehlende Element..31
Die traditionelle Heldenreise..31
Auswertung 36
EXIT 1: Fehlerkorrekturen..38
KAPITEL 2 ROLLENWECHSEL..41
Person und Rolle..41
Auswertung 46
EXIT 2: Fake-it-till-you-make-it!..49
KAPITEL 3 OFFENER GEIST 51
Möglichkeitssinn..54
Auswertung..58
EXIT 3: Zauberfragen..60

KAPITEL 4 UMFELD...63

Soziale Netzwerke und kreative Felder.................................64

Introvertierte und extrovertierte Menschen.........................65

Falsche Umgebung..66

Auswertung..70

EXIT 4: Horizonterweiterung..72

KAPITEL 5 GEWOHNHEITEN...75

Gehen, Wohnen und Synapsen-Verschaltungen..................75

Training jenseits der Komfortzone..76

Aus der Reihe tanzen..79

Gute Gewohnheiten, schlechte Gewohnheiten...................79

EXIT 5: Die 40-Mal-Formel 82

LITERATURLISTE...84

KONZEPT DER NEW LIFE TOOLS..86

Die Autorin..88

Für wen ist dieses Buch?

Dieses Buch ist geeignet für Sie, wenn Sie:

- unzufrieden sind mit Ihrem Leben,

- neue berufliche oder private Ziele erreichen wollen,

- danach streben, Ihre Wünsche und Sehnsüchte zu verwirklichen,

- alten Ballast hinter sich lassen möchten.

UND wenn Sie merken, Sie kommen nicht weiter. Vielleicht liegt es daran, dass Sie ...

- zuwenig Energie zum Dranbleiben haben,

- zwischendurch immer wieder abbrechen,

- so etwas wie schwere Bremsklötze spüren,

- und endlich den Durchbruch schaffen wollen.

Ein Hinweis vorab: Auch wenn im Buch aus Gründen der Vereinfachung nur die männliche Form der Anrede benutzt wird, sind selbstverständlich auch immer die Leserinnen mitgemeint.

Erläuterung zu den Abkürzungen:
UE – ist eine Abkürzung für Übung

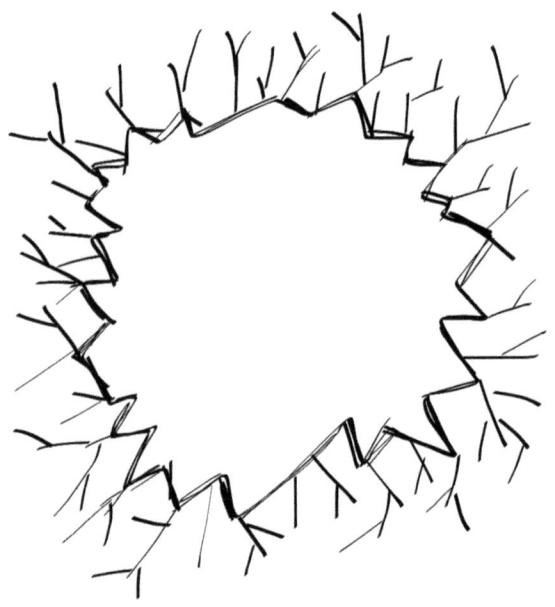

EINFÜHRUNG

Was möchten Sie erleben oder erreichen? Haben Sie große Träume und Pläne? Lust auf Neues? Sehnsucht nach Abwechslung und Abenteuer? Oder sind Sie müde und erschöpft? Enttäuscht und frustriert? Wollen Sie vor allem nicht mehr weiter wie bisher?

Wenn Sie zu diesem Buch greifen, dann trifft vermutlich eines der Motive auch auf Sie zu. Immer mehr Menschen machen sich auf den Weg, ihr Leben sinnerfüllt und selbstbestimmt zu gestalten. In den Sozialwissenschaften beobachtet man schon länger diesen Trend. Gab es früher für die Mitglieder einer Gesellschaft bindende Regeln und einen festen Platz in einer Gemeinschaft, sind wir heute frei unser Leben selbst in die Hand zu nehmen. Dabei können uns jedoch überholtes Denken und diverse „Altlasten" im Wege stehen.

In diesem Buch möchte ich Ihnen Wege zeigen, wie Sie aus diesen alten Mustern herausfinden und Ihrem Leben neue Form und Gestalt geben können. Gleich vorweg: Es ist nicht allein eine großartige Idee, die uns weiter bringt. Persönliche Entwicklung setzt sich aus vielen kleinen Schritten und einigen wenigen großen Sprüngen zusammen. Beides ist notwendig: Der große Entwurf und das kleinteilige Ausprobieren. Dabei müssen wir uns unterwegs stets neu orientieren.

Um die Weichen für eine neue Zukunft zu stellen, ist es erforderlich, hinderliche Denk-, Fühl- und Handlungsmuster hinter sich zu lassen. Das Leben ändern heisst, aussortieren was nicht mehr dienlich ist und neue Elemente in das eigene Denk- und Verhaltensrepertoire zu integrieren.

In meiner Tätigkeit als Coach habe ich herausgefunden, dass dabei fünf Faktoren eine wichtige Rolle spielen. Das vorliegende Buch führt Sie mit einer Methode, die ich selbst-entdeckendes Lernen nenne, durch diese fünf Themen. Auf dieser Reise werden Sie eingeladen, sich selbst und Ihr Verhalten genau zu ergründen, alten

Ballast abzuwerfen und sich für neue Möglichkeiten und Chancen zu öffnen.

Nur wenn wir etwas Neues wagen, entdecken wir neue Seiten in uns und entwickeln wir uns weiter. An einem Wendepunkt sind wir aufgefordert, die Zone des Gewohnten und Bekannten zu verlassen. Wir befinden uns dann in einer Übergangsphase, wo wir lernen, prüfen und nach frischen Lösungen suchen. Die Erfahrungen der meisten Menschen zeigen, es gibt nur selten einen direkten und geraden Weg von A nach B.

Auch turbulente Zeiten gehören zum Leben, genauso wie Misserfolg und Scheitern. Verabschieden Sie sich lieber von der Illusion immerwährenden Erfolgs und Glücks – auch wenn manche Erfolgsratgeber genau das versprechen. Selbst wenn etwas misslingt, kann diese Erfahrung dennoch wertvoll sein. Ich wage sogar zu behaupten, dass darin enorme Lernchancen liegen. Unter Gründern und Entrepreneuren kursiert die Regel: Nur wenn wir schneller scheitern als die anderen, lernen wir schneller.

Betrachten Sie dieses Buch als Werkzeugkasten. Es kann Hebel in Bewegung setzen und kreative Impulse bieten. Nutzen Sie die Übungen und Fragen, um herauszufinden, was Sie behindert, was Sie brauchen und was Sie persönlich am meisten bei einer Neuausrichtung unterstützt. Denn es gibt kein Patentrezept für alle Menschen.

Was immer Sie als Vision oder Ziel in Ihrem Leben definieren – der Erfolg eines Vorhabens hängt nicht von bestimmten Persönlichkeitsmerkmalen ab. Gelingen und Erfolg sind – neben einer Portion Glück und günstigen Umständen - auch und vor allem das Ergebnis eines Denkens und Handelns, das zu den erwünschten Resultaten führt. Und das können Sie lernen! Je schneller Sie sich von mentalen Schubladen befreien und für das Abenteuer der Selbstentdeckung öffnen, desto mehr werden Sie von den Tools profitieren.

So gesehen ist dieses Buch – last not least – auch eine Anleitung zur Verwirklichung Ihrer Wünsche. Unter einem Vorbehalt: Nicht das Erhoffen und Ersehnen führt Sie dahin, sondern konsequentes Tun und Dranbleiben. Vor einer Verwechslung möchte ich Sie dennoch warnen: Aus meiner Sicht ist Erfolg nicht der Sinn des Lebens. Jeder Mensch erlebt Augenblicke des Scheiterns und gerade dann kann Altes aufbrechen und etwas Neues ins Leben kommen.

Auch in diesem Band habe ich mich an den Grundsatz gehalten: kurz, knackig und kompakt. In den fünf Kapiteln wurde viel komprimiertes Wissen zu gezielten Impulsen verarbeitet. Alle Methoden wurden in langjährigen Erfahrungen in Coaching und Beratung von Gründern, Jobwechslern und Menschen in Umbruchsituationen entwickelt, sorgfältig erprobt und evaluiert.

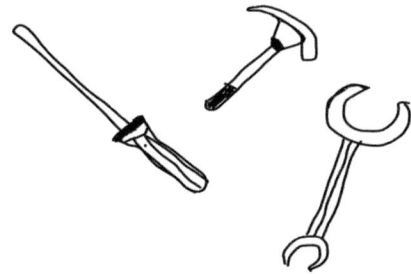

RUNTER VOM SOFA!

Um das Leben zu verändern, reichen gute Vorsätze alleine nicht. In der Regel kommt „etwas" dazwischen und die besten Absichten bleiben auf der Strecke. Die alten Gewohnheiten oder der innere Schweinehund sind stärker als der Wunsch, dem Leben eine neue Richtung zu geben.

Für einen Spurwechsel braucht es eine ehrliche Auseinandersetzung mit sich selbst: Wo stehe ich und wo will ich hin? Wie möchte ich mich weiter entwickeln? Was behindert mich dabei? Wie steht es um meine Bereitschaft, Risiken auf mich zu nehmen? Wie viel Ungewissheit kann ich ertragen?

Das persönliche Ziel ist ein grundsätzlicher Orientierungsrahmen. Es bedarf darüber hinaus aber auch eines entschlossenen Handelns. Um lebensverändernde Maßnahmen in die Tat umzusetzen, muss man die Wellness-Zone und das kuschelige Sofa verlassen. Sind Sie wirklich bereit dafür?

Kurz zusammengefasst: Veränderung ist ein vielstufiger Prozess, der durch Höhen und Tiefen führt, durch Grenzerfahrungen und Nächte voller Ungewissheit. Persönliche Metamorphose und Wachstum spielen sich jenseits der Komfortzone ab.

IM FLUSS DES LEBENS

Man kann das Leben mit einem Strom vergleichen, in dem ein Mensch schwimmt. Der Fluss trägt den Schwimmer durch friedliche Wasserstraßen, aber auch durch Strudel, Untiefen und gefährliche Stromschnellen. Den Fluss des Lebens vorab mit strengen Sicherheitsvorkehrungen kontrollieren zu wollen, wäre wohl vergebliche Mühe.

Entscheidend ist die Frage:
Wie wird man ein guter Schwimmer?

Ein geübter Schwimmer beherrscht die Kunst der kleinen Steuerungsimpulse. Er bewegt sich mit dem Strom, weiss um die Bedeutung seiner Aufmerksamkeit, die Kraft seines Denkens und die Wirkung seiner Bewegungen im Wasser. Weil er auf seine Fähigkeit vertraut, jederzeit etwas dazuzulernen, wird er selbst herausfinden, was ihn in sein ersehntes Gewässer führt.

Schwimmen lernt man nicht auf dem Trockenen. Man muss schon in den Fluss des Lebens eintauchen, die Strömungen erkunden, den Wasserlauf erleben und entdecken. Es braucht auch einen ehrlichen Fitness-Check. Dafür sind Mut und Neugierde die besten Voraussetzungen.

Nehmen Sie das selbst-entdeckende Lernen, das Ihnen in den folgenden Kapiteln bevorsteht, als Schwimmübung und -begleitung.

DAS ÄNDERN LEBEN

Raus aus alten Mustern und das Leben neu gestalten ist ein vielstufiger Prozess. Was passiert in den Veränderungsphasen, in der Transit-Zone von A nach B?

Veränderung beginnt damit, dass man weiß, was man nicht mehr will, Altes loslässt und sich auf den Weg macht. Manche Menschen haben eine Vision eines besseren Lebens oder ein Ziel und starten mit einem Fahrplan. Andere kennen bloß die Richtung, in die sie wechseln wollen.

Unterwegs tauchen unbekannte Faktoren auf, die man Lerngelegenheiten nennen kann. Sobald sich Hindernisse in den Weg stellen, droht die Gefahr von der Spur abzuweichen. Es ist deshalb erforderlich, sich immer wieder bewusst auf das Reiseziel zu fokussieren und einen Schritt zurückzutreten, um über die Erfahrungen zu reflektieren.

Man durchläuft in der Regel mehrere, auch durchaus kritische Lernphasen und Lernzyklen. In diesen ist das Alte noch nicht abgelegt und das Neue noch nicht etabliert. Für die Übergangsphasen gibt es einige strategische Empfehlungen und Erkenntnisse, die vielleicht auf den ersten Blick ungewöhnlich klingen. Was im Folgenden zusammengefasst wird, beruht auf empirischen Untersuchungen und hat sich in der Praxis bewährt (vgl. Ibarra, 2003 und Sarasvathy, 2008).

Ausprobieren statt Grübeln

Hören Sie auf, im stillen Kämmerchen nach Ihrem wahren Selbst zu suchen. Mit abstraktem und theoretischem Denken alleine kommt man nicht unbedingt weiter. Lernen Sie sich selbst lieber in realen Lebenssituationen kennen. Engagieren Sie sich für Dinge, die Ihnen wichtig sind. Unternehmen Sie etwas mit anderen Menschen und stellen Sie sich den Herausforderungen. Begeben Sie sich in Situationen, wo Sie Lebenserfahrung sammeln können. Denn dann finden Sie heraus, was Ihnen tatsächlich gefällt und nicht bloß ein Hirngespinst ist.

Für einen beruflichen Neustart und eine Unternehmensidee gilt: Was wirklich funktioniert oder geht, können Sie erst wissen, wenn Sie etwas getestet haben. Ein Sprichwort sagt, „Probieren geht über Studieren!" Geben Sie Ihr Bestes und handeln Sie tadellos. Perfekt kommt später.

Erlauben Sie sich Perioden des Übergangs

Wer einen neuen Job antritt oder persönliche Träume verwirklichen will, bewegt sich erstmal auf unsicherem Gebiet und wird zum Teil auch mit widersprüchlichen Anforderungen konfrontiert. Manchmal kann sich das wie eine Achterbahn-Fahrt mit doppeltem Loop anfühlen! Besonders dann, wenn noch keine Erfolgserlebnisse zu verzeichnen sind, ist man schnell verwirrt und angespannt.

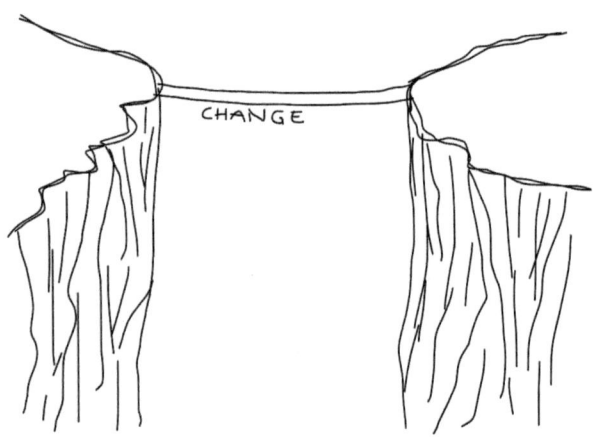

Gestatten Sie sich, Dinge für eine gewisse Zeit in der Schwebe zu halten, sich nicht genau festzulegen und auch mal hin und her zu schwanken oder unschlüssig zu sein. Es braucht eine gewisse Zeit, um sich auf allen Ebenen neu zu orientieren. Stellen Sie sich auch auf Rückschläge oder Perioden des Stillstands ein. Lassen Sie sich nicht entmutigen, wenn es mal zwei Schritte nach vorne und einen zurück geht. Der große Wendepunkt kommt in der Regel erst nach einer gewissen Zeit des Übergangs und Ausprobierens.

Strategie des Machbaren und der kleinen Gewinne

Wählen Sie einen Weg der vielen kleinen und vor allem machbaren Schritte. Gestatten Sie sich auch ein paar Seitenpfade und lernen Sie durch jeden Schritt etwas dazu. Neubeginn ist ein Ausprobieren und Neu-Adjustieren. Selten gibt es einen geraden Highway von A nach B. Fast niemandem gelingt der große Wurf beim ersten Versuch. Davon können insbesondere Unternehmensgründer ein Lied singen. Das erfolgreiche Ding wird oft erst nach fünf bis acht gescheiterten Projekten verwirklicht. Es gilt aber auch, dass nichts so sehr motiviert, wie (vielleicht erstmal kleine) Erfolge.

Den Zufall nutzen

Sammeln Sie durch Ihre Aktivitäten neue Erfahrungen und experimentieren Sie mit Situationen. Heißen Sie Zufälle willkommen und nutzen Sie die jeweiligen Umstände als Gelegenheiten, Ihr Vorhaben voranzubringen. Sprechen Sie mit unterschiedlichen Menschen über Ihre Pläne und Ideen und erzählen Sie Ihre persönliche Geschichte. Dann haben sie viele verschiedene Samen gesägt, aus denen Früchte für Sie wachsen können.

Halten Sie nicht an einer bestimmten Vorstellung von Erfolg oder fixen Plänen fest. Statt einen großen Plan in allen Details zu entwerfen, davon Zwischenschritte und Meilensteine abzuleiten, suchen Sie lieber Fenster der Gelegenheit und sehen Sie sich um, welche Türen sich öffnen. Die Zukunft ist nicht wirklich vorhersehbar, aber Sie können Situationen für sich und Ihre Ziele nutzen. Was Sie aus Situationen und Ereignissen machen ist bedeutsam, nicht ein Ereignis selbst!

AUS ERFAHRUNGEN LERNEN

Die Methoden in diesem Buch setzen an Ihren eigenen Erfahrungen an. Sie selbst, Ihr Denken und Verhalten stehen im Mittelpunkt der Aufmerksamkeit. In jedem Kapitel betrachten Sie konkrete Situationen und Erlebnissen. Das bedeutet, persönliche Herausforderungen und Bewältigungsstrategien sind der primäre Stoff für Lernprozesse und erst in zweiter die Vermittlung von abstraktem Wissen.

Die Methoden wurden nach dem Kriterium der Wirksamkeit ausgewählt. Dennoch kann es vorkommen, dass nicht jede Übung für Sie persönlich die richtige ist. Menschen sind sehr verschieden – was für den einen funktioniert, kann jemand anderen eventuell nicht weiter bringen. Deshalb der Rat: Verwenden Sie das Buch wie einen Werkzeug-Koffer und probieren Sie aus, welches Instrument geeignet ist, um Ihre Stellschrauben neu zu justieren.

Die Erfahrungswissenschaften beschreiben einen Rahmen, wie Veränderung, Identitätswandel oder berufliche Neu-Orientierung gelingen kann. Herminia Ibarra, Professorin für Leadership und Lernen, hat sich in ihren Forschungen diesem Thema gewidmet. Sie hat zahlreiche Menschen befragt und beobachtet, wie sie Entwicklungsprozesse bewältigt und erlebt haben. Dabei konnte sie auf zwei Ebenen bestimmte Muster identifizieren.

Entwicklung auf zwei Ebenen

(Ein Hinweis: Leserinnen und Leser meines Buches „Ich kann auch anders" kennen bereits die folgenden Abschnitte. Sie versäumen deshalb nichts, wenn sie gleich ins nächste Kapitel springen.)

Wenn wir uns selbst und unser Leben neu erschaffen, durchleben wir Veränderungen auf zwei Ebenen: Ebene 1 betrifft tiefgehende, individuelle Lebenseinstellungen und Sichtweisen. Ebene 2 beschreibt Formen des ständigen Dazulernens und Neu-Adjustierens.

Ebene 1 – Entwicklung von neuen Denk- und Wahrnehmungsmustern

Auf dieser Ebene richten wir unsere inneren Koordinaten neu aus, wir verändern unsere Einstellungen, Denk- und Sichtweisen. Wir schaffen uns neue Überzeugungen und Orientierungen. Wir richten unsere Aufmerksamkeit auf andere Dinge. Es handelt sich um eine grundsätzliche Neuordnung in vielen Abstufungen und Schattierungen. In der kognitiven Verhaltenstherapie wird dieser Prozess „kognitive Umstrukturierung" genannt.

Man kann das Prinzip auch so verstehen: Ihre Gedanken sind wie Blumensamen, die Sie anpflanzen. Es kann bei der Ernte nur das herauskommen, was Sie vorher in die Erde gesetzt haben. Setzen Sie die immer gleichen Samen (pflegen Sie die üblichen Gedanken), dann ernten Sie auch immer wieder das Gleiche. Wollen Sie eine andere Ernte erleben, dann müssen Sie sich für einen anderen Blumensamen (andere Gedankensamen) entscheiden.

Größtes Hindernis sind eigene un(ter)bewusste Vor-Einstellungen. In der Sprache des Informationszeitalters formuliert, scheitert man an fix installierten Programmen auf der mentalen Festplatte. Im Alltag sind uns diese persönlichen Wiederholungs-Programme oft gar nicht bewusst.

Diese erste Ebene wird in meinem Buch „Ich kann auch anders! Starter-Kit für den Neubeginn" ausführlicher thematisiert und bildet die Basis für Methoden zum erfolgreichen Neustart.

Ebene 2 – Erfahrungslernen

In den folgenden Abschnitten und Kapiteln geht es speziell um die zweite Ebene, das Erfahrungslernen. Im Fluss des Lebens ist Veränderung ein offener Prozess und kein stures Umsetzen von fixen Plänen. Manche Menschen haben nur eine Ahnung, wo es hingehen soll. Andere wissen genau, wohin sie wollen und was ihr konkretes Ziel ist. Es mag zwar sinnvoll sein, Zwischenziele und Umsetzungspläne zu entwickeln, aber es ist auch notwendig, offen zu sein für neue Impulse auf dem Weg dorthin.

Übergänge in neue Lebensphasen werden iterativ, d.h. durch schrittweise Annäherung in mehreren Zyklen bewältigt. Wir absolvieren in der Regel mehrere Durchgänge. Wir lavieren hin und her zwischen verschiedenen Lebensentwürfen und Möglichkeiten. Nach und nach gewinnen wir neuen Boden unter unseren Füßen. Wir sortieren immer wieder aus, was wenig befriedigend ist.

Das, was am Ende einer Entdeckungs- und Entwicklungsreise herauskommt, ist mit ziemlicher Wahrscheinlichkeit etwas anderes, als zu Beginn erwartet. Unterwegs können neue Optionen auftauchen, manches Plansoll kann sich als grobe Fehleinschätzung erweisen. Es kommt meist anders als geplant.

Ein Sprichwort bringt es auf den Punkt:

„It is better to practice a little than to talk a lot."

Durch Handeln und Reflexion unserer Erfahrungen wachsen und lernen wir. Ungeahnte Möglichkeiten entdecken wir, wenn wir aktiv werden, interessante Menschen kennen lernen, neue Rollen übernehmen. Der Ausgang dieser Art des Lernens ist prinzipiell offen – im Gegensatz zum Vermitteln von Lernstoff, wie es in der Schule praktiziert wird. Lernen aus Erfahrungen bedeutet: Etwas ausprobieren und schauen, ob es funktioniert bzw. ob man damit weiter kommt.

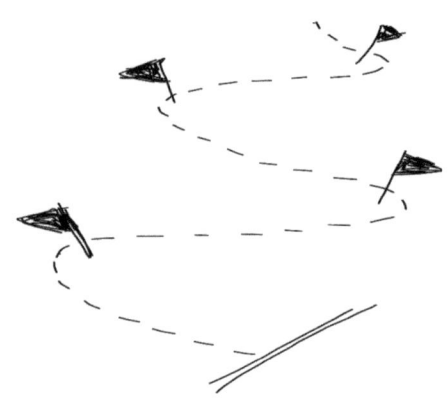

Sie werden in diesem Buch mit Fragen und Übungen angeleitet, Ihren eigenen alten Mustern auf die Spur zu kommen. Halten Sie Ihre Entdeckungen und Beobachtungen schriftlich fest. Nur dann können Sie Ihr gesammelten Daten im nächsten Schritt weiter analysieren und auswerten. Manchmal entsteht erst dann ein großes „Aha"-Erlebnis.

Schlusspunkt jedes Kapitels bildet ein praktisches „Exit-Tool" zum Ausstieg aus unerwünschten Verhaltensweisen.

Situationen als Ausgangspunkt

Die Übungen und Instrumente in diesem Buch setzen bei Ihrer eigenen Wahrnehmung und Interpretation des Geschehens an. Sie bauen auf einem Konzept auf, das in der kognitiven Verhaltenstherapie erfolgreich und wissenschaftlich gut abgesichert verwendet wird: dem ABC-Modell von Albert Ellis.

Das ABC-Modell beschreibt den Zusammenhang zwischen Situationen, Gedanken, Gefühlen und Verhaltensweisen recht einfach und klar. Wir sehen und erleben immer konkrete Situationen und machen dabei bestimmte Lebenserfahrungen.

A - B - C

A = Ausgangssituation, führt zur

B = Bewertung, diese hat

C = Konsequenzen für Gefühle und Verhalten.

Haupterkenntnis der kognitiven Verhaltenstherapie ist, dass nicht die Ausgangssituation bestimmt, wie man sich fühlt und verhält, sondern die eigene Bewertung und Interpretation der Situation. Das Gehirn arbeitet dabei als Wahrnehmungsfilter. Es selektiert Informationen nach individuellen Programmen, sprich: persönlichen Denkmustern. Deshalb kann ein- und dieselbe Situation von verschiedenen Menschen völlig verschieden wahrgenommen werden.

Ein praktischer Werkzeugkasten

Wie können Übergangsphasen gestaltet werden? Wie kann man Feedback-Schleifen nutzen, um möglichst schnell zu lernen? Die Methoden folgen dem Prinzip des „selbst-entdeckenden Lernens". Selbst-entdeckendes Lernen heißt, dass Lernprozesse durch Selbstbeobachtung und Selbstreflexion initiiert werden.

Es wird kein spezielles Know-how oder Wissen vorausgesetzt, um die Werkzeuge anwenden zu können. Sie sollten jedoch die Bereitschaft mitbringen, Situationen und sich selbst genau zu betrachten. Dafür brauchen Sie vor allem eine Portion Neugier, Offenheit, Unterscheidungsvermögen und Urteilskraft.

Sie werden von den Methoden am meisten profitieren, wenn Sie die Übungen tatsächlich durchführen, die Fragen schriftlich beantworten und Ihre Notizen präzise analysieren. Zwei Gründe sprechen dafür: Viele Gedanken werden erst dann klar, wenn man sie schriftlich ausformuliert. Des weiteren benötigen Sie handfestes Material, das Sie dann in der Auswertung untersuchen können. Wer das Buch nur liest, macht keinen optimalen Gebrauch von den Möglichkeiten.

KAPITEL 1 FEHLERKULTUR

Was war ein Fehler und was hat gefehlt?

Fehler-Machen ist noch immer ein Tabuthema hierzulande. „Made in Germany" gilt als Markenzeichen für einwandfreies Funktionieren. Nicht zufällig spricht man vom „Fehlerteufel", wenn sich doch irgendwo ein Fauxpas einschleicht. Man erliegt jedoch einer Selbsttäuschung zu glauben, man könne fehlerfrei durchs Leben kommen. Darüber hinaus verpasst man die Chance sich weiter zu entwickeln.

Viele Menschen wollen im Beruf, in der Familie und in Beziehungen möglichst perfekt sein, um Anerkennung zu bekommen. Doch selten läuft alles genau so wie gewünscht. Fehler passieren, sei es aus Missverständnis, hohem Zeitdruck oder Fehleinschätzung. Wer Misserfolge ausblendet, lebt gefährlich. Denn er läuft Gefahr, ein Stück weit den Bezug zur Realität zu verlieren. Um es zukünftig besser zu machen, sollte man sich lieber gründlich und frei von Angst mit dem Misslingen einer Sache auseinandersetzen.

Doch was ist ein Fehler? Neutral betrachtet stimmt der Ist-Zustand nicht mit dem Soll-Zustand überein. Manchmal zeichnet sich eine Panne ganz leise ab, mit kleinen Hinweisen darauf, dass ein Ziel verfehlt wird. Ein andermal ist eine Niederlage offensichtlich und lässt der Person keine andere Wahl, als sich das Scheitern einzugestehen. (Dennoch mag es Menschen geben, die einen faktisch unausweichlichen Sachverhalt zu verleugnen suchen.)

Die Frage ist also nicht, ob man Fehler macht oder nicht, sondern ob und wie man eigene Fehler erkennen und daraus lernen kann. Versteht man die Ursache einer Panne, kann das zum wichtigen Wendepunkt werden. Man ist dann aufgefordert neue Wege zu beschreiten. Und das kann den entscheidenden Schritt nach vorne bedeuten.

Fehlermeldungen

„Wer Fehler gemacht hat, hat nur Erfahrungen gesammelt.", sagt Oskar Wilde. Nur wer etwas unternimmt, kann überhaupt scheitern. Im Alter bedauern die meisten Menschen nicht, Fehler gemacht zu haben, sondern nicht oder zuwenig gehandelt zu haben. Wer nur vor sich hinträumt und das Handeln ewig auf morgen verschiebt, wird häufig unglücklich.

Gestatten Sie sich also, nicht immer alles genau wissen zu müssen. „Trial & Error" lautet die schlichte Formel. Wenn man neue Dinge ausprobiert, macht man selten alles richtig. Statt sich mit Selbstvorwürfen zu quälen, sollten Sie lernen, Fehler möglichst schnell zu bemerken und eine bessere Lösung zu finden. Das setzt vor allem Mut und Offenheit voraus.

Fehler kann man als Information betrachten, jenseits von Wertungen oder Schuldzuschreibung. Kluge Menschen nutzen Fehlermeldungen als Lernsituation, um ein und denselben Fehler möglichst nur einmal zu begehen. Sie verstecken den Fauxpas nicht, sondern setzen sich bewusst mit manchmal auch schmerzvollen und schwierigen Misserfolgen auseinander. Weniger kluge Menschen brauchen viele Lerngelegenheiten, bis sie ihr Denken und Handeln ändern.

Untersuchen Sie lieber gleich, wie und warum ein Fehler passiert ist und lernen Sie sich selbst dabei besser kennen. Steckt etwa ein bestimmtes Denk- oder Entscheidungsmuster dahinter? Gab es falsche Grundannahmen? Haben Sie spezielle Glaubenssätze in die Irre geführt? Wenn man über eigene Missgeschicke nachdenkt, sind nicht nur rationale Erwägungen sondern auch negative Gefühlen zu verarbeiten. Ist der Fehler vielleicht ein Hinweis auf unerfüllte Bedürfnisse?

Das fehlende Element

Fehler und fehlen; Misserfolg, Misslingen und etwas vermissen. Schon die Wortähnlichkeit deutet den Zusammenhang an: Es fehlt etwas.

Wenn man nach den Ursachen fragt, kommt vieles in Betracht, was fehlen könnte: Zeit, Informationen, Kompetenzen, Weitblick, Geduld, Vertrauen, Menschenkenntnis, technisches Verständnis, fachliches Know-how, Geld, das richtige Gespür für den richtigen Zeitpunkt, Kontakte oder andere Dinge. Manchmal braucht es eine längere Entdeckungsreise, um das fehlende Element aufzuspüren.

Die traditionelle Heldenreise

Ein fehlendes Elixier zu finden und über sich selbst hinaus zu wachsen – darum geht es im Mythos der Heldenreise. Viele Märchen, Sagen und Geschichten berichten darüber. Der Helden-Mythos ist ein narratives Schema über die Grundstruktur von menschlichem Wachstum und Entfaltung. Er erzählt, wie eine Figur in Auseinandersetzung mit Ihrer Umwelt eigene Ressourcen und Potenziale entwickelt. Jeder Mythos beginnt mit einem Aufbruch, nachdem die gewohnte Welt nicht mehr passt oder zusammengebrochen ist. Die Geschichten enden damit, dass der Held auf seiner Reise ein anderer wird und neue Elemente in sich vereint.

Was der Held jeweils lernen muss, ist von Märchen zu Märchen und von Situation zu Situation unterschiedlich. In Märchen wie Hans im Glück, der Froschkönig, Schneewittchen und die 7 Zwerge, oder klassischen Sagen wie Odysseus und vielen anderen, geht es um Selbstfindung, intensive Erfahrungen und das Überschreiten von Grenzen.

Am Anfang passiert meist ein Unglück. Die vertraute Ordnung existiert nicht mehr. Ein Mensch gerät in eine Krise. Er muss die gewohnte Umgebung verlassen, innere und äußere Widerstände überwinden und sich auf eine Reise begeben.

Unterwegs begegnen ihm fremde Menschen, Tiere, Drachen oder andere unheimliche und furchterregende Gestalten. Der Held kann sich nicht mehr auf Alt-Bewährtes verlassen und gerät in Gefahr. Die Herausforderungen wachsen und bald taucht Angst auf, Rückschläge drohen. Die Person gerät zeitweise ins Trudeln. Schwierigkeiten und Konflikte müssen erkannt und dann gelöst werden.

Am Tiefpunkt der Reise taucht regelmäßig ein rettender Gedanke, ein Freund oder Helfer auf. Mit diesem Beistand gelingt es dem Helden, auf den richtigen Weg zu kommen. Ein neues, ungewöhnliches Verhalten wird ausprobiert und gelernt.

Die (Mut)Probe ist schließlich bestanden, die Krise bewältigt, das Unheil abgewendet und der Held durch seine Erfahrungen ein anderer geworden. Er hat eine Entwicklung durchgemacht und etwas Neues – eine Erkenntnis, Weisheit, Güte, Mut oder andere Wesenszüge – in seine Persönlichkeit integriert. Er ist über das Alte hinausgewachsen und versteht schließlich, dass dieser Aufbruch notwendig war.

All diese Helden-Erzählungen beschreiben zum einen, wie ein Mensch Reife erlangt, indem er fehlende Kompetenzen und neue Aspekte in seine Persönlichkeit integriert. Zum anderen verdeutlichen die Geschichten, dass Leben ständige Veränderung bedeutet und Lernen notwendig ist, um handlungsfähig zu bleiben.

UE 1 - Ihre Heldenreise

Sie sind nun eingeladen, Ihre eigene Heldenreise nachzuzeichnen. Es geht um die große Dramaturgie Ihres Lebensweges. Blicken Sie auf Ihr Leben zurück und formulieren Sie alle Erkenntnisse schriftlich.

Was waren große Wendepunkte in meinem Leben?

Welches neue Element kam jeweils in mein Dasein?

Wer waren meine Helfer oder Schutzengel?

UE 2 - Fehler suchen

Nehmen Sie auch kritische Momente in Ihrem Lebenslauf unter die Lupe. Versuchen Sie trotzdem, möglichst entspannt zu bleiben.

Wann ist in meinem Leben etwas schief gegangen?

Wo nahm ich einen Weg in die falsche Richtung?

Gegen welche "Drachen" musste ich in meinem Leben kämpfen?

Was hatte mir damals in den Situationen gefehlt?

UE 3 - Perspektive erweitern

Mit dieser Übung können die eigenen blinden Flecken überwunden werden. Fragen Sie fünf Freunde bzw. fünf Personen, die Sie gut kennen:

Was habe ich aus deiner Perspektive in meinem Leben falsch gemacht?

Aber Vorsicht! Negative Kritik kann das eigene Selbstbild erschüttern. Es ist hilfreich, sich klarzumachen, dass es nur um Ihr Verhalten in spezifischen Situationen geht und nicht um Ihre ganze Persönlichkeit.

Auswertung

1 Wendepunkte

Die Antworten auf diese Frage werden individuell unterschiedlich ausfallen. Es gibt hier kein richtig oder falsch. Jeder Mensch und jede Heldenreise ist anders!

2 - 3 Inventur

Von Leo Tolstoi stammt das Zitat: „Alle glücklichen Familie gleichen einander. Jede unglückliche Familie ist auf ihre eigene Art unglücklich." Man nennt es auch das Anna-Karenina-Prinzip. Es besagt, dass zum Gelingen einer Sache mehrere Faktoren erfüllt sein müssen. Zum Scheitern eines Vorhabens reicht das Fehlen eines Faktors.

Typische Fehler, warum vielleicht etwas nicht so gelaufen ist wie gewünscht, können sein:

Idealismus und Weltflucht statt Auseinandersetzung mit realen Gegebenheiten

Falsche Vorstellung von raschem Erfolg

Unachtsamkeit, Zeitdruck und Hektik

Zu viel Anpassung

Alles selber machen wollen, Überforderung

Übermotiviertes Anfangen und fehlendes Fundament

Unklarheit und fehlende Informationen

Betrachten Sie nochmals alle Antworten zu den UE 2 und 3 und überlegen Sie:

Wie können Sie das, was bislang gefehlt hat und immer noch fehlt, in Ihr Leben bringen?

EXIT 1: Fehlerkorrekturen

„Im Nachhinein ist man klüger", sagt ein bekanntes Sprichwort. Doch wie setzt man diese Erkenntnis ganz praktisch um? Eine Möglichkeit ist eine Fantasiereise mit drei Schritten zur Fehlerkorrektur:

1. Schritt

Betrachten Sie ein Missgeschick. Vergegenwärtigen Sie sich die Situation in allen Einzelheiten, so wie alles ursprünglich abgelaufen ist. Beobachten Sie sich selbst, wie Sie etwas falsch machen.

2. Schritt

Dann Stop und Schnitt! – Stellen Sie sich vor, Sie bekommen plötzlich eine zweite Chance und können die Situation völlig neu und frei gestalten:

Wenn Sie darüber nachdenken, was genau würden Sie im Nachhinein anders machen?

Entscheiden Sie sich jetzt für ein anderes Vorgehen – idealerweise so, dass alles zum Besten aller Beteiligten geschieht.

3. Schritt

Spielen Sie die neuen Szenen wiederum möglichst anschaulich und konkret in Ihrer Fantasie durch, dann ist der Lerneffekt am größten:

Was sagen Sie?

Wie verhalten Sie sich?

Auf diese Weise überschreiben Sie alte Muster des Misslingens mit neuen Varianten des Gelingens. Wenn Sie den Ablauf nur abstrakt durchdenken, anstatt die neue Version vor Ihrem inneren Auge wie einen Kinofilm zu erleben, dann hat das weniger Wirkung.

Wiederholen Sie diese Korrekturschritte mit anderen Fehlern.

KAPITEL 2 ROLLENWECHSEL

Wer möchte ich sein?

„Wir spielen alle Theater", sagt der Soziologe Erving Goffmann. Er benutzt das Theater als Modell für die soziale Welt. Gemeint ist damit, dass wir soziale Normen verinnerlichen und gesellschaftliche Rollen übernehmen. In der Regel sind wir mit den Erwartungen an eine Rolle vertraut und erfüllen diese auf unsere Art und Weise. Ein neuer Lebensabschnitt oder ein neuer Job kann einen Rollenwechsel und viele Unsicherheiten mit sich bringen. Wir müssen uns mit anderen Rollen-Anforderungen auseinandersetzen.

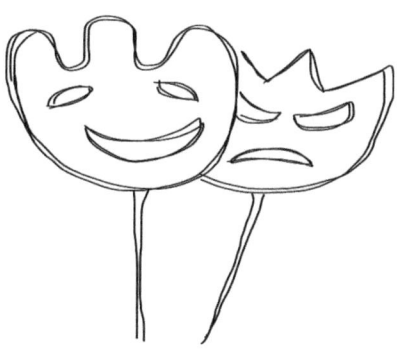

Person und Rolle

Soziale Rollen sind mit bestimmten Erwartungen an den Rolleninhaber verknüpft. In Begegnungen mit Kollegen, Kunden, Familienmitgliedern und Freunden handeln wir Rollen aus und haben dabei ein – mehr oder weniger explizites – Rollenskript im Hinterkopf. Wir wissen, wie wir uns als Verkäufer, Arzt, Taxifahrer, Lehrer oder Kellner zu verhalten haben.

Über Rollen definieren wir unseren sozialen Status. Manchmal wird das missverstanden. Man meint Ellenbogen einsetzen und gnadenlose Selbstdarstellung betreiben zu müssen. Die Inszenierung von Erfolg und Performanz tritt an erste Stelle: Man spielt sich auf als jung, dynamisch, kompetent, attraktiv und allseits beliebt.

Im ursprünglichen Sinn bedeutet „eine gesellschaftliche Rolle ausfüllen" die Übernahme eines Sets an Verpflichtungen und Rechten. Wenn wir einen Job wechseln, uns selbständig machen oder Eltern werden, sehen wir uns neuen Erwartungen und Aufgaben gegenüber. Wir müssen uns neue Rollen zu Eigen machen und durchleben dabei eine Passage der Status-Unsicherheit. Erst nach und nach bilden wir eine neue Rollen-Identität aus.

Zur Rollenübernahme gehört, dass wir die Fähigkeit zur Rollendistanz erwerben. Wir lernen zwischen Rolle und Person zu unterscheiden. Rollen müssen in der Regel nicht sklavisch ausgeübt, sondern können individuell interpretiert werden.

Man kann eine neue Rolle wie ein neues Kleid sehen, das wir zuerst anprobieren, vielleicht etwas umändern und dann in bestimmten Situationen anziehen. Durch Einstudieren und Improvisieren machen wir uns mit einer neuen Rolle vertraut und entwickeln eigene Verhaltensweisen. Von der Gesellschaft wird uns dafür eine bestimmte Zeit zugestanden. Man denke an die 100-Tage-Frist für einen frisch gewählten Präsidenten, um sich in sein Amt einzuarbeiten.

UE 1 - Rollenfindung

Sie haben nun die Aufgabe, sich mit neuen Rollen-Anforderungen, Erwartungen, Ihrer eigenen Wahrnehmung und Ihren Ressourcen vertraut zu machen. Nehmen Sie ein Blatt Papier und zeichnen Sie zwei große Kreise, die sich in der Mitte überschneiden.

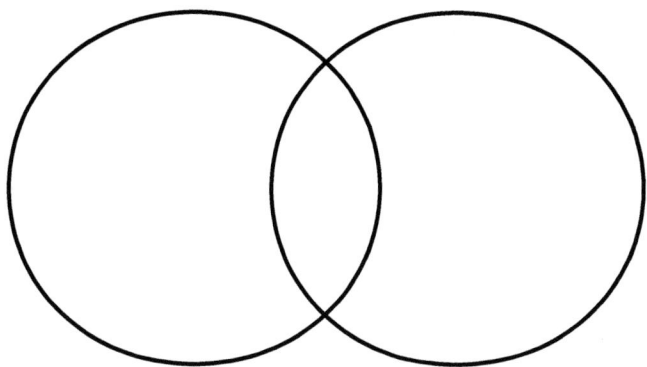

Linker Kreis – Person „Ich bin"

Tragen Sie in den linken Kreis all jene Elemente ein (als Symbol oder als Begriff), die Sie als Person auszeichnen. Was macht Ihre Identität aus? Nennen Sie Eigenschaften, Kompetenzen, Werte, Wissen, spezielle Fähigkeiten, Talente, Bedürfnisse, Interessen, sonstige Eigenheiten und wichtige Ereignisse, die Sie zu der Person gemacht haben, die Sie sind.

Rechter Kreis – Was fordert die neue Rolle von mir?

Notieren Sie im rechten Kreis Symbole und Begriffe, die Ihr Vorhaben, Ihr Projekt oder Ihren neuen Lebensabschnitt beschreiben. Gemeint sind hier Aufgaben, Umfeld, Menschen mit denen Sie zu tun haben werden, Normen, Regelungen, Verhaltensweisen, aktuelle Entwicklungen auf dem Gebiet, Verpflichtungen, Freiheiten oder was auch immer Ihnen wichtig erscheint.

In der Mitte – Rolle ausfüllen

Tragen Sie in die Ellipse in der Mitte (wo sich die Kreise überschneiden) Begriffe oder Symbole dafür ein, wie Sie die neuen Rollenanforderungen und -erwartungen mit Ihrer Identität und Ihren Ressourcen ausfüllen wollen. Entscheidend ist Ihr subjektives Erleben: Wie wollen Sie sich mit Ihrem Können und Wissen, Ihren Hoffnungen und Wünschen in dieser Rolle engagieren?

UE 2 - Rollenspiele

Rollenspiele werden erfolgreich im Coaching und Training eingesetzt und sind inzwischen auch State-of-the-Art in der Verhaltenstherapie.

Stellen Sie sich ein Rollenspiel, wie oben beschrieben, als Anprobe eines neuen Kleidungsstückes vor. Schauspieler machen es tatsächlich so, wenn Sie in ihre jeweilige Rolle wechseln. Sie schlüpfen in ein Kostüm, suchen die passende innere Einstellung und experimentieren mit verschiedenen Verhaltensweisen. Und zwar so lange, bis die Darstellung wirklich überzeugt.

Rollenspiel mit Partner ist effektiver als alleine zu proben. Wenn Sie Rollenspiele nur für sich üben, können Sie eine Video-Kamera (oder ein Smartphone mit Kamerafunktion) benutzen, um Ihre Ergebnisse zu prüfen.

Inszenieren Sie Situationen, in denen Sie sich noch unsicher fühlen. Fangen Sie an, indem Sie einfach drauf los improvisieren. Spielen Sie eine Situation von Anfang bis Ende durch. Denken Sie sich verschiedene Varianten aus und machen Sie weiter, bis die neue Rolle zu Ihnen passt wie ein maßgeschneidertes Kleid.

UE 3 - Imitationslernen

Menschen lernen voneinander, unter anderem durch Nachahmung. Andere Menschen können ein Rollenmodell und Quelle der Inspiration für uns sein. Sie bieten Orientierung und zeigen, wie wir mit Situationen umgehen können.

Diese Form des Lernens beginnt bereits im Kindesalter und wirkt – bewusst oder unbewusst – bis ins Erwachsenenalter hinein. Wir beobachten Mutter und Vater, Freunde, Märchenhelden und Schauspieler und übernehmen deren Verhalten, Gesten und Redeweisen. Wir schauen uns ab, wie unsere Vorbilder etwas machen und spielen es nach. Wie viel umständlicher wäre es, ein Buch mit detaillierten Anleitungen zu lesen!

Was in der Kindheit automatisch läuft, lässt sich auch im Erwachsenenalter nutzen, um das eigene Verhaltensrepertoire zu erweitern. Ob Lernen am Modell, Beobachtungslernen, Imitationslernen, Rollenlernen oder Identifikationslernen – wir können uns viel von erfolgreichen Menschen abgucken.

Suchen Sie sich ganz gezielt 3 Vorbilder für Ihre neue Rolle und üben Sie Imitationslernen für 3 unterschiedliche Situationen.

Auswertung

1 Die neue Rolle

Analysieren Sie nun Ihre Antworten in den Kreisen mit Hilfe von zwei Leitfragen:

In welchen Bereichen sehen Sie große Gestaltungsspielräume?

Wo nehmen Sie eher geringe Freiheiten wahr?

Identifikation mit der eigenen Tätigkeit ist ein wesentlicher Baustein für Freude bei der Arbeit, Erfolg und Erfüllung. Überidentifikation mit einer Rolle kann jedoch Stress auslösen. Es bedarf einer inneren Balance zwischen Identifikation und Rollendistanz, um wohlbehalten durchs Leben zu steuern.

Schauen Sie Ihre Notizen noch einmal genauer an und entdecken Sie Ihre eigenen Muster:

Wie viel Verantwortung laden Sie freiwillig auf sich?

Wie viel Verantwortungsübernahme ist überhaupt angemessen?

Wodurch fühlen Sie sich in Ihrer Rolle erfolgreich?

Welche Aspekte Ihrer Rolle mögen Sie?

Welche Aspekte Ihrer Rolle bereiten Ihnen Unbehagen?

Für welche Belastungen haben Sie Mut und Kraft?

2 Rollenspiel

Im Laufe eines Rollenspiels können sich Möglichkeiten des Aushandelns auftun, an die Sie vorher vielleicht noch gar nicht gedacht haben! Reflektieren Sie nun Ihre Erfahrungen:

Wo wäre noch mehr Spielraum in der Situation möglich?

Allgemein betrachtet gilt:

Je mehr Freiheiten Sie sich selbst zugestehen, desto größer sind Ihre Handlungsspielräume.

Je vielfältiger Ihr Rollenrepertoire, umso leichter und flexibler können Sie Interaktionen steuern.

3 Imitationslernen

Als Anregung einige Stichworte für die Suche nach Vorbildern. Wer verkörpert für Sie:

Souveränität

Freiheit

Mut

Gelassenheit

Humor

Eigensinn

Kreativität

Durchhaltevermögen

Willensstärke

Fantasie und Erfindergeist

Diplomatisches Geschick

Großzügigkeit

EXIT 2: Fake-it-till-you-make-it!

„Fake-it-till-you-make-it!", gleichbedeutend mit „Tue-so-als-ob-bis-du-es-kannst!", ist ein sehr starkes Tool. Es dient der Entwicklung eines neuen Verhaltens mit einer einfachen Regieanweisung: Die neue Rolle so lange proben und spielen, bis man sattelfest geworden ist.

Gestehen Sie sich selbst Unsicherheiten und eine Lernphase zu. Experimentieren Sie mit neuen Rollenaspekten und entwickeln Sie Ihren eigenen Stil. Probieren Sie verschiedene Verhaltensweisen aus, bis Sie herausgefunden haben, was für Sie selbst stimmig ist.

KAPITEL 3 OFFENER GEIST

Wie kommt das Neue in mein Leben?

Wann haben Sie zuletzt etwas Verrücktes und Abwegiges gemacht?

Für viele Menschen ist das lange her, manche müssen bis in die Kindheit zurückdenken. Erinnern Sie sich, wie Sie sich als Kind auf dem Spielplatz gefühlt haben? Unerschrocken und bereit, jeden Tag die Welt neu zu entdecken. Spielfreude und Abenteuerlust, ein unbedarfter, frischer Blick - das zeichnet Kinder aus.

Im Lauf der Zeit und des Lebens wird bei den meisten Menschen das Bedürfnis nach Sicherheit immer größer und die Lust auf Abenteuer und Nervenkitzel immer geringer. Die Bereitschaft, über den Tellerrand zu blicken und etwas Verrücktes zu erleben oder ab und zu eine Torheit zu begehen, nimmt ab. Damit beschneidet man sich aber auch in seiner Kreativität und seinen Träumen.

Zwei weitere Begleiterscheinungen tragen zur Verengung und Begrenzung unserer Welt bei:

Faktor Nr. 1 ist die eigene mentale „Betriebsblindheit".

Betriebsblindheit bedeutet das Gegenteil einer offenen Geisteshaltung und damit der Fähigkeit unerwartete Informationen zu verarbeiten. Wenn wir uns nicht bewusst mit etwas Neuem befassen, laufen wir Gefahr betriebsblind zu werden. Wir nehmen dann nur mehr von dem auf, was wir ohnehin schon kennen.

Denn das Gehirn ist ein Filter, besser gesagt ein Gewohnheitsfilter. Aus den unzähligen Bits an Informationen dringt nur ein minimaler Teil über die Bewusstseinsschwelle. Wir nehmen vor allem das wahr, was unseren eigenen Überzeugungen und mentalen Programmen entspricht und verstärken damit wiederum unsere Glaubens- und Denkmuster.

Faktor Nr. 2 ist ein fehlende Spielraum.

Statt Augen und Ohren offen zu halten, gestehen wir uns oft selbst weder Raum noch Zeit für spontane Erlebnisse zu. Der Blick verengt sich auf das bestmögliche Funktionieren. Und wer in bestimmten Bereichen Erfahrungen gesammelt hat, glaubt Bescheid zu wissen. Das führt dazu, dass man sich gar nicht mehr nach weiteren Ideen oder Möglichkeiten umsieht.

Eine erste lebensverändernde Maßnahme zum Ausbruch aus dem selbst geschaffenen mentalen Gefängnis könnte sein, all das wegzulassen, was einem keine echte Freude bereitet. Durch dieses Entrümpeln erkennt man nach und nach, was man wirklich will. Statt sich auf ein großes Ziel zu fixieren, schafft man sich also erstmal freien Spielraum, in dem dann etwas Neues entstehen kann.

UE 1 Weglassen

Wenden Sie für diese Übung die Methode des spontanen Schreibens an:

Was würden Sie in Ihrem Leben gerne weglassen, wenn es ganz leicht ginge?

Möglichkeitssinn

Unser bewährter Wirklichkeitssinn hilft uns kaum, neue Horizonte zu erschließen. Für frische Anstöße und Einfälle können wir uns von Robert Musil inspirieren lassen. Er prägte in seinem Roman „Mann ohne Eigenschaften" den Begriff „Möglichkeitssinn":

"Wenn es einen Wirklichkeitssinn gibt, muss es auch einen Möglichkeitssinn geben. [...] Wer ihn besitzt, sagt beispielsweise nicht: Hier ist dies oder das geschehen, wird geschehen, muss geschehen, sondern er erfindet: Hier könnte, sollte oder müsste geschehen. [...] So ließe sich der Möglichkeitssinn geradezu als die Fähigkeit definieren, alles was ebenso gut sein könnte, zu denken und das, was ist, nicht weniger zu nehmen als das, was nicht ist."

Betrachten wir den Möglichkeitssinn als eine offene Haltung, mit der wir um uns blicken und unsere Fantasie einsetzen. Angestrengtes Nachdenken hilft wenig beim Training des Möglichkeitssinnes. Hier einige Ideen, wie man lang eingeübten Lebensmustern ein Schnippchen schlägt:

Tun Sie etwas, das Sie sich normalerweise verbieten (aber ohne jemand anderen oder sich selbst zu schädigen).

Probieren Sie etwas aus, von dem Sie bislang dachten, Sie seien ungeeignet dafür.

Gehen Sie raus auf die Straße, folgen Sie bei jedem Schritt Ihrer Intuition und bleiben Sie empfänglich für Zufälle.

Kombinieren Sie etwas, das nicht zusammen gehört.

Stellen Sie sich eine Frage, schlagen Sie ein Buch an irgendeiner Stelle auf und tippen Sie mit dem Finger auf einen Satz. Tun Sie so, als wäre das ein Orakel.

UE 2 Frischer Wind

Schreiben Sie alles auf, was Ihnen zu den Fragen einfällt:

Was habe ich bisher für unmöglich gehalten und würde es trotzdem gerne tun oder erleben?

Was ist aktuell das Neue in meinem Leben und wie kam es herein?

Was kann ich tun, um mit einer Überraschung konfrontiert zu werden?

Machen Sie solange weiter, bis Sie mindestens fünf Antworten auf die dritte Frage gefunden haben. Bleiben Sie dabei locker und unverkrampft.

UE 3 - Blick in die Glaskugel

„Glaskugel" ist hier symbolisch gemeint. Nehmen Sie sich 15 Minuten Zeit, schließen Sie die Augen und überlegen Sie folgende Frage:

Was weiß ich über meine bestmögliche Zukunft?

UE 4 - Möglichkeitsorte

Wahrscheinlich haben Sie schon erlebt, dass der jeweilige Ort und seine Atmosphäre die eigenen Gedanken mitprägen. Das gilt sowohl für den sozialen Raum als auch für den physischen Arbeits- und Lebensraum. Erinnern Sie sich an kreative Momente in Ihrem Leben und hören Sie nicht auf, bis Sie mindestens fünf dieser inspirierenden Orte für sich gefunden haben:

Wo sind meine Gedanken und Gefühle frei?

Auswertung

1 Weglassen

Betrachten Sie Ihre Liste und gehen Sie einen Schritt weiter: Was davon wäre tatsächlich sofort umsetzbar?

2 Frischer Wind

Was immer Sie zum ersten Mal unternehmen – alles kann ein guter Anfang sein, um den eigenen Horizont zu erweitern, um geistig jung und beweglich zu bleiben.

3 Glaskugel

Viele Leser werden sich eingestehen, dass sie nicht wirklich wissen können, was die bestmögliche Zukunft für sie sein könnte. Zukunftsvorstellungen entwickeln wir in der Regel vor dem Hintergrund alter Erfahrungen und unseres aktuellen geistigen Horizontes. Wir schneidern uns damit gewissermaßen neue Kleider aus alten Stoffen. Die interessante Frage für die Auswertung lautet daher:

Wo begrenzen Sie sich selbst in Ihrem Denken?

4 Möglichkeitsorte

Der Hirnforscher Gerald Hüther spricht davon, wie sehr sich Menschen nach neuen Erfahrungen und Potenzialentfaltung sehnen. Neue Erfahrungen bringen neue Synapsen-Verschaltungen im Gehirn hervor und das hält jung. Was die Synapsen im Gehirn so richtig anfeuert, ist die Begeisterung für etwas, das wirklich uns selbst entspricht, sagt Prof. Hüther.

Ergänzen Sie Ihre Liste um weitere fünf Quellen der Begeisterung!

EXIT 3: Zauberfragen

Es gibt Schlüsselfragen, um rasch und einfach in den Möglichkeitsmodus umzuschalten. Wann immer Sie ein Problem haben oder unzufrieden sind, fragen Sie zuerst sich selbst und dann auch Freunde und Bekannte:

Was wäre noch möglich?

Was könnte geschehen, damit das Problem gelöst wird?

Welches Wunder würde die Situation ändern?

Sammeln Sie viele verschiedene Ideen und Lösungen. Die besten Einfälle kommen oft erst nach 10 oder 20 Minuten Brainstorming!

KAPITEL 4 UMFELD

Wer und was macht mich reich in Kopf und Herz?

Für einen Richtungswechsel braucht man Energie, Drive, ein Momentum, um in Bewegung zu kommen und zu bleiben. Erfolgreiche Künstler und Entrepreneure arbeiten fast nie alleine. Sie sind in ein kreatives Umfeld eingebunden oder haben ein kraftvolles Team aufgebaut. Sie umgeben sich mit Menschen, die sie wertschätzen. Mit anderen Worten: Sie suchen ganz gezielt nach dem richtigen Umfeld, nach Personen mit positiver Ausstrahlung.

Was brauchen Sie, um in guter Verfassung zu sein? Jeder Mensch hat individuelle Bedürfnisse und Wünsche. Auf jeden Fall sollte ausreichende Nahrung für Körper, Geist und Seele vorhanden sein. Gemeint ist eben nicht nur Essen und Trinken, sondern auch geistige Nahrung in Form von Inspiration, Ideen, Rat und Unterstützung.

Und ist Ihnen bewusst, wie sehr Ihre Umgebung Ihr Lebensgefühl beeinflusst? Studien zeigen, für die Zufriedenheit im Job ist nicht der Inhalt der Tätigkeit allein entscheidend, sondern mindestens genauso das soziale Umfeld. Ähnliches gilt für die psychische Gesundheit. Die beste Prävention vor Stress, Burnout und Depression sind stabile Freundschaften und positive Zuwendung von anderen.

Für Veränderungsprozesse wird zusätzliche Energie benötigt. Für ein gutes Gelingen müssen viele einzelne Puzzleteile zusammen kommen. Nicht allein eine besondere Begabung, ein begnadeter Einfall oder die Euphorie am Anfang bringen Sie weiter, sondern ein förderliches Umfeld und alte Tugenden wie Disziplin, Entschlossenheit, Ausdauer und Willenskraft.

Manche Menschen haben die merkwürdige Vorstellung, alles müsse ganz leicht gehen. Fragt man große Künstler, Wissenschaftler oder Champions aus dem Sport, dann wird man hören, dass sie viele Jahre geübt, geforscht oder trainiert haben. Es gibt die Faustregel von den 10.000 Stunden – so lange braucht es, um ein Meister in einem Fach zu werden. Vorausgesetzt, das Talent ist überhaupt vorhanden.

Soziale Netzwerke und kreative Felder

Wenn man Karrierewege von erfolgreichen Menschen betrachtet, taucht immer wieder eine soziale Komponente auf: Sie hatten Unterstützung durch andere. Manchmal vertraute nur eine einzige Person in diesen Menschen und seine Fähigkeiten.

Das gilt besonders für Kinder, die unter schwierigen Umständen aufwuchsen. Für das Lebensglück und die Gesundheit des Kindes braucht es mindestens eine positive Bezugsperson im Umfeld. Es ist dabei egal, ob es sich um Vater, Mutter, einen Verwandten, Lehrer oder Freund handelt. Eine einzige Person, die an das Kind glaubt und ihm Halt gibt, reicht, um aus widrigen Umständen unbeschadet davon zu kommen.

Auch Unternehmensgründer wissen, dass Netzwerke wichtiger sind als Geld. Für viele Vorhaben brauchen sie Kooperationspartner. Teamarbeit ist die bei Gründungen die Regel. Unterstützung kann viele verschiedene Formen annehmen. Allein schon der gedankliche Austausch mit intelligenten, gleichgesinnten, verständnisvollen und kreativen Menschen kann neue Wege eröffnen.

Die Bedeutung des sozialen Umfeldes zeigt sich auch an anderen Dingen. Erfolgstrainer behaupten immer wieder, jeder Mensch ist der Durchschnitt der fünf Menschen, mit denen er die meiste Zeit verbringt. Jeder mag das an sich selbst und seinem Umfeld überprüfen.

Auch in der Kreativitätsforschung weiss man um die Bedeutung von Gruppen, jenseits des Mythos vom genialen Einzelnen. Die Künstlerlegenden erzählen nur die halbe Wahrheit. Um die eigene Begabung umzusetzen und ein Meister in seinem Fach zu werden, bedarf es eines spezifischen Milieus. Viele erfolgreiche Menschen hatten einen oder mehrere phantasievolle und geistreiche Partner, die sie ideal ergänzten. Man denke an die Beatles, die Rolling Stones oder auch Steve Jobs und Stephen Wozniak. Man kann sogar die Behauptung wagen: Es gibt keine Spitzenleistung ohne Synergie-Partner aus dem Umfeld.

Introvertierte und extrovertierte Menschen

Dabei gilt es eines zu beachten: Jeder Mensch braucht ein anderes Maß an Stimulation. Es gibt hier keine Regel, die für alle gilt. Introvertierte und extrovertierte Menschen unterscheiden sich in dieser Hinsicht erheblich. Erstere schöpfen Kraft aus dem Alleinsein und benötigen eine eher geringe Dosis an Kontakten und Trubel. Sie ziehen sich gerne und bald wieder zurück. Extrovertierte hingegen schätzen lebhaften Austausch mit vielen Menschen.

Schon alleine das Wissen um den eigenen Optimalzustand kann einiges bewirken. Sie können dann Ihr Leben und Ihr berufliches Umfeld so gestalten, wie es Ihren tatsächlichen Bedürfnissen entspricht. Oft liegt der Grund für Erschöpfung darin, dass sich introvertierte Menschen zu vielen Reizen und Impulsen aussetzen.

Falsche Umgebung

Leider vermissen viele Menschen Stimuli und Glück in ihrem Leben. Bronnie Ware, Autorin des Buches „5 Dinge, die Sterbende am meisten bedauern", bemerkt: „Es erfordert Kraft, große Veränderungen herbeizuführen. Je länger man in der falschen Umgebung verharrt und damit ihr Produkt bleibt, umso länger verwehrt man sich selbst die Chance, wahres Glück und Befriedigung zu erfahren."

Warum rangiert fehlende Lebensfreude ganz oben auf der Liste der Versäumnisse? Vielleicht hängt es mit einem religiösen Mythos unserer Kultur zusammen: dem Motiv der Erlösung durch Leiden. Symbolfigur dafür ist der ans Kreuz genagelte Christus. Aber auch in anderen Religionen findet man Märtyrer-Motive und selbst auferlegte Verbote das Glück auf Erden zu erfahren.

Diese und ähnliche Vorstellungen sind auf bewusster oder unbewusster Ebene in vielen Menschen verankert. Sie wurden uns von Kindheit an in unserem Kulturkreis eingetrichtert, mit drastischen Folgen. So gibt es viele Menschen, die sich im Namen eines höheren Zieles Freude, Entspannung und Genuss versagen.

„Ohne Fleiss kein Preis" - Sein Brot durch harte Arbeit verdienen müssen, ist weithin als Lebenshaltung in unseren Köpfen abgespeichert. Und es widerspricht der Erfahrung, dass nur körperlich, mental und emotional gut genährte Menschen auf Dauer leistungsfähig sind.

UE 1 - Ideale Umgebung

Erinnern Sie sich an Situationen in Ihrem Leben, in denen Sie zur Bestform aufgelaufen sind. Beschreiben Sie die Rahmenbedingungen für Ihre großen Taten:

Was hat mich motiviert, mich für das Vorhaben voll einzusetzen?

Was hat zu meiner Bestleistung beigetragen?

UE 2 - Nahrungsquellen

Denken Sie an Zeiten in Ihrem Leben, als Sie sich emotional und geistig richtig satt gefühlt haben:

Was nährt und macht mich froh in Kopf und Herz?

UE 3 - Bremsklötze

Blicken Sie für einen Moment auf Situationen zurück, wo Sie aus dem Flow gekommen sind und überlegen Sie:

Was führte dazu, dass ich das Interesse an einem Vorhaben verloren hatte?

Was sind meine stärksten Quellen von Frustration?

UE 4 - Geben und Nehmen

Beachten Sie, dass Freundschaften und soziale Netzwerke nach dem Prinzip von Geben und Nehmen funktionieren. Eine ungeschriebene Regel sagt: Zuerst geben und dann später vielleicht nehmen. Untersuchen Sie Ihr soziales Umfeld mit folgenden Fragen:

Welche fünf Freunde können mein Vorhaben am besten unterstützen?

Welche Eigenschaften schätze ich an diesen fünf Menschen?

Was gebe ich diesen Freunden von mir mit?

Auswertung

1 und 2 Nährendes Umfeld

Fassen Sie Ihre Aufzeichnungen aus UE 1 und 2 zusammen:

Unter welchen Bedingungen und in welcher Umgebung (Ort, Personen, Aufgaben und Sonstiges) können Sie sich gut entfalten?

Erstellen Sie für sich eine Reihenfolge der wichtigsten Faktoren.

1.

2.

3.

3 Bremsklötze

Erkenntnisse aus dieser Übung dienen für präventive Maßnahmen, indem Sie mögliche Hemmschuhe vorab identifizieren und überlegen, welche Alternativen sie haben.

4 Geben und Nehmen

Wechseln Sie nun die Perspektive und blicken Sie auf Ihre Antworten aus UE 4:

Welchen Wert bieten Sie für andere?

Was daran ist für Ihr Gegenüber wirklich wertvoll?

Ist es das, was Sie selbst gerne erhalten möchten?

EXIT 4: Horizonterweiterung

Umgeben Sie sich mit Menschen, die das verkörpern, was Sie selbst sein möchten. Schaffen Sie sich damit eine geistige und emotionale Umgebung, die Sie stimuliert. Vergessen Sie jedoch nicht, dass ebenso physische Räume auf das eigene Befinden wirken.

In schwierigen Situationen können Sie sich auch an einen imaginären Freund wenden. Stellen Sie sich eine Person vor, die für Sie Mut, Intelligenz, Kraft, Fantasie oder was immer Sie gerade benötigen, repräsentiert. Das kann ein erfolgreicher Unternehmer wie Richard Branson, ein Genie wie Albert Einstein, ein Künstler wie Charlie Chaplin, eine Romanfigur wie Superman, Winnetou oder Pippi Langstrumpf sein.

Starten Sie einen inneren Dialog mit dieser Figur:

Was würdest du in dieser Situation sagen oder tun?

Wie würdest du diese Herausforderung meistern?

Welche Ideen hast du zu diesem Thema?

KAPITEL 5 GEWOHNHEITEN

Wie gehe ich durchs Leben und wie wohne ich?

Gewohnheiten machen das Leben leichter. Man muss nicht ständig überlegen, wie und was zu tun ist. Bis zu 50 Prozent unserer täglichen Verrichtungen laufen routinemäßig ab. Der Nachteil dabei: Wir handeln so, wie wir es gewohnt sind und nicht so, wie es am besten für uns wäre. Die Hirnforschung spricht von automatisierten Kleinstprogrammen, die das Gehirn in bestimmten Situationen abspult. Gewohnheit ist der stärkste Klebstoff der Welt, sagen Erfolgstrainer.

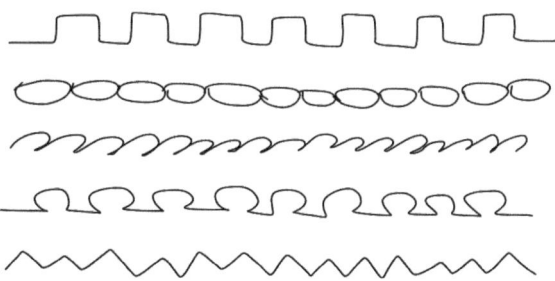

Gehen, Wohnen und Synapsen-Verschaltungen

Das, was wir tagtäglich erleben, macht im Wesentlichen unser Dasein aus. Glück und Zufriedenheit liegen stärker in den alltäglichen, kleinen Dingen als in den seltenen, großen Ereignissen. Der Anteil der Gewohnheiten nimmt im Lauf des Lebens zu. Je älter ein Mensch, desto höher ist meist der Anteil der Routinehandlungen.

Gewohnheiten bilden in unserem Gehirn so etwas wie Datenautobahnen, und zwar mehrspurige Highways. Ein Verhalten, das in der Vergangenheit zu Belohnung und Erfolg führte, wird möglichst oft wiederholt. Die Wiederholungen erzeugen im Gehirn stabile neuronale Verknüpfungen. Man nahm lange Zeit an, dass diese Prägungen dauerhaft und unwandelbar sind.

Das menschliche Gehirn wurde in den letzten Jahren intensiv erforscht und das Phänomen der neuronalen Plastizität erkannt. Synapsen und ganze Hirn-Areale können – entgegen bisheriger Annahmen – bis ins hohe Alter hinein durch aktives Training verändert werden. Müssen neue Aufgaben bewältigt werden, wird das Gehirn umstrukturiert. Heutzutage geht man heute davon aus, dass Menschen ein Leben lang wandlungsfähig bleiben.

Training jenseits der Komfortzone

Die eingespielte Lebenswirklichkeit nennt man auch „Komfortzone". Sie gibt uns, wie der Begriff sagt, einerseits das Gefühl von Sicherheit und Geborgenheit. Andererseits droht die Gefahr, in Routinehandlungen zu erstarren und unflexibel zu werden. Neue Herausforderungen machen dann schnell Angst und Stress.

Man kann das Gehirn mit einem Muskel vergleichen. Durch wiederholten Gebrauch entwickeln sich bestimmte Bereiche im Gehirn und einige kognitive Fähigkeiten bilden sich stärker aus. Will man raus aus alten Mustern, ist das Wissen über Trainingsmethoden und Belohnungssysteme hilfreich. Mit Willensanstrengung alleine ist die Veränderung von liebgewonnenen Gewohnheiten kaum zu schaffen. Es gibt ein wirksameres Rezept: Für eine andere Befriedigung der Bedürfnisse sorgen! So verringert sich die Gefahr des Rückfalls in alte Muster.

Entscheidend ist, dass Sie dabei konsequent und systematisch vorgehen:

1. Selbstbeobachtung: Erkennen, durch welche Reize und welches Setting (Ort, Zeit, Menschen, Stimmung) ein bestimmtes Verhalten ausgelöst wird.

2. Bewusstes Stoppen von unerwünschtem Verhalten und verstehen, welche Bedürfnisse hinter den Gewohnheiten stecken und welche Belohnung damit verbunden ist.

3. Die alte Gewohnheit durch ein neues Verhalten ersetzen: Dafür sollten Sie etwas finden, was das ursprüngliche Verlangen ebenso gut – oder wenn möglich sogar besser – befriedigt.

UE 1 - Drei-Schritte-Training

Nun sind Sie an der Reihe, die oben beschriebenen drei Schritte anzuwenden.

Ausgangspunkt – Nennen Sie eine alte Gewohnheit:
Was würde mein Leben sofort verbessern, wenn ich es ändern könnte?

Erster Schritt - Beobachten Sie sich selbst bei dieser alten Gewohnheit:
Was genau löst das alte, unerwünschte Verhalten aus?

Zweiter Schritt - Machen Sie sich klar, was Sie festhält in Ihrem Tun:
Was ist der Vorteil dieser unliebsamen Gewohnheit?
Welchen Gewinn oder welche positiven Gefühle habe ich davon?

Dritter Schritt - Ersetzen Sie Altes durch Neues:
Wie kann ich meine Bedürfnisse auf andere und bessere Weise befriedigen?

Aus der Reihe tanzen

Glück und Ausgleich empfinden wir auch, indem wir Abwechslung in unser Leben bringen. Wie wäre es, gelegentlich aus dem Alltagstrott auszubrechen und dabei nicht den üblichen Hobbys nachzugehen? Es muss nicht gleich Fallschirmspringen oder Bungee Jumping sein. Aus der Reihe tanzen kann man auch durch viele kleine, spielerische Aktivitäten.

Man kann sich beispielsweise dafür entscheiden, einen Nachmittag lang alle Pläne aufzugeben und den Zufall einzuladen. Der Reiz besteht darin, sich von neuen Situationen und frischen Eindrücken überraschen zu lassen. Das lässt sich ganz einfach umsetzen, indem man vor die Tür geht und an jeder Kreuzung einen Münzwurf über den Weg entscheiden lässt: Bei Zahl nach rechts, bei Kopf nach links. Funktioniert am besten, wenn man sich dann an die Wahl hält und dem Zufall folgt!

Gute Gewohnheiten, schlechte Gewohnheiten

Die eigene mentale, emotionale und körperliche Verfassung beeinflusst auch wesentlich unsere Wahrnehmung. Das kann jeder schnell und leicht nachvollziehen. Sind wir fit und voller Tatendrang, sehen wir die Welt prinzipiell optimistisch und als freundlichen Ort. Fühlen wir uns jedoch ausgelaugt und niedergeschlagen, dann verändert sich die Wahrnehmung radikal. Stress und Ärger lassen den Blick verengen. In angstbesetzten Situationen oder unter Panik entwickeln Menschen sogar einen regelrechten Tunnelblick. Man fühlt sich klein, ohnmächtig, verzagt und kann kaum Handlungsmöglichkeiten erkennen.

Die Schlussfolgerung lautet: Gut auf das eigene Wohlbefinden achten! Das ist, wie so vieles andere auch, ein Lernprozess und eine Entscheidung. Die Bedeutung dieses Schrittes kann man gar nicht überschätzen.

Wir können präventiv von glücklichen und erfolgreichen Menschen lernen, indem wir fragen, welche Gewohnheiten die Erfolgsgekrönten haben. Tom Corley hat über die täglichen Praktiken von reichen Menschen ein Buch geschrieben: „Rich Habits – The Daily Success Habits of Wealthy Individuals". Er beobachtete fünf Jahre lang die Eigenarten von 233 gutsituierten Menschen und 128 Menschen, die in Armut leben. Er fand zwischen den beiden Gruppen bedeutsame Unterschiede in den Einstellungen und im täglichen Tun.

<u>Gewohnheiten von Wohlhabenden:</u>

Sie sind hartnäckig und ausdauernd in allen Lebensbereichen.
Wenn sie mit Widerstand konfrontiert werden, bleiben sie dran und kämpfen sich durch. Sie kontrollieren ihre Gedanken, Gefühle und Worte. Sie verfolgen ein Ziel länger als ein Jahr. Sie lesen mindestens 30 Minuten täglich.

Sie setzen sich erreichbare Ziele.
Der Traum vom großen Geld alleine reicht nicht. Die Ziele vermögender Menschen sind spezifisch und realistisch und mit spezifischen Handlungen verbunden. Sie haben ihre Ziele in kleine, lösbare Aufgaben aufgeteilt und verfolgen diese Teilziele konsequent. Auf diese Weise erreichen sie über einen gewissen Zeitraum ihre größeren Ziele.

Sie haben Mentoren gefunden.
93 Prozent aller Reichen hatten einen Mentor, der sie auf ihrem Weg unterstützte. Sie suchten sich jemand auf ihrem Gebiet, der ein

Rollenmodell für sie verkörpert. Mit Hilfe des Mentors konnten sie Fehler vermeiden. Sie wurden inspiriert und motiviert und konnten neue und hilfreiche Kontakte herstellen.

Sie haben eine positive Lebenseinstellung.
Die untersuchten Reichen sind fröhliche und optimistische Menschen und dankbar für alles, was sie besitzen. Sie vermeiden Getratsche. Sie glauben an grenzenlose Möglichkeiten und Gelegenheiten. Sie sind in der Mehrzahl glücklich verheiratet und gesund.

Sie bilden sich weiter.
Sie lesen besonders gerne Fachbücher, Selbsthilfebücher und Biografien. Darüber hinaus können sie das Gelesene für sich in ihrem Leben in Handlungen umsetzen. Persönlichkeitsentwicklung nimmt für Wohlhabende einen hohen Stellenwert ein. Sie verbessern ihre Fähigkeiten laufend.

Sie verfolgen ihre Fortschritte.
Reiche Menschen messen und kontrollieren viele Bereiche ihres Leben recht genau. Sie führen Listen, überwachen ihre Konten und überprüfen immer wieder, ob sie noch auf der Ziellinie sind. Sie organisieren ihren Tag und ihr Leben.

Sie umgeben sich selbst mit erfolgsorientierten Menschen.
Sie investieren ganz gezielt in Beziehungen mit erfolgreichen Menschen. Sie suchen sich genau aus, mit wem sie sich umgeben. Sie bauen Kontakte, die sich bewährt haben, weiter aus. Beziehungen sind die Währung der Reichen und Erfolgreichen. Sie investieren bewusst Zeit und Energie in diese Verbindungen, geben Rat und schaffen Vertrauen.

EXIT 5: Die 40-Mal-Formel

Um Gewohnheiten zu verändern, muss man neues Verhalten regelrecht üben. Nur durch kontinuierliches Wiederholen werden stabile neue Nervenverbindungen im Gehirn gebildet, sagen die Neurowissenschaften. Durch dieses regelmäßige Training programmiert sich das Gehirn selbst um.

Die Angaben, wie oft etwas eingeübt werden muss, schwanken. Die Empfehlungen fangen bei 21 Tagen mit täglichem Praktizieren an. Manche Autoren und Forscher raten zu mindestens 60 Wiederholungen zur Stabilisierung eines Verhaltens. In anderen Publikationen wird auf 40 Wiederholungen bzw. Trainingstage hingewiesen, um neue Denk- und Verhaltensmuster dauerhaft zu verankern. Wirklich verlässliche Daten sind jedoch kaum zu ermitteln.

Als goldener Mittelweg wird deshalb eine 40-Mal-Formel empfohlen. Es ist denkbar, dass die 40-Mal-Regel nicht für jeden Leser und jedes Vorhaben gleichermaßen gilt. Experimentieren Sie deshalb mit den Wiederholungen und passen Sie die Formel individuell an Ihre Bedürfnisse an.

LITERATURLISTE

Bock, Petra, Mindfuck. Warum wir uns selbst sabotieren und was wir dagegen tun können, 2011

Cameron, Julia, Der Weg des Künstlers, 2000

Corley, Tom, Rich Habits – The Daily Success Habits of Wealthy Individuals,

Csikszentmihalyi, Mihaly, Flow – Der Weg zum Glück, 2006

Ellis, Albert, Training der Gefühle. Wie Sie sich hartnäckig weigern, unglücklich zu sein, 2000

Hüther, Gerald, Was wir sind und was wir sein könnten: Ein neurobiologischer Mutmacher, 2013

Ibarra, Herminia, Working Identity. Unconventional Strategies for Reinventing Your Career, 2003

Kolb, David A., Schwitzgebel, Ralph K., Systematische Verhaltensänderung: Theorie, Prinzipien und Methoden, 1978

Rubin, Harriet, Soloing: Die Macht des Glaubens an sich selbst, 2003

Sarasvathy, Saras, D., Effectuation. Elements of Entrepreneurial Expertise, 2008

Sher, Barbara, Lebe das Leben, von dem du träumst, 2007

Sher, Barbara, Wishcraft – Lebensträume und Berufsträume entdecken und verwirklichen, 2010

Stavemann, Harlich H., Im Gefühlsdschungel. Emotionale Krisen verstehen und bewältigen, 2001

Ware, Bronnie, 5 Dinge, die Sterbende am meisten bereuen: Einsichten, die Ihr Leben verändern werden, 2013

KONZEPT DER NEW LIFE TOOLS

Die Entwicklung der New Life Tools basiert auf meinen langjährigen Tätigkeiten in der empirischen Sozialforschung und Projekt-Evaluierung, sowie in Coaching und Beratung von Jobsuchenden und Unternehmensgründern.

Für die Auswahl der Fragen und Methoden ist eine sorgfältige Evaluierung und das Kriterium der Wirksamkeit entscheidend. Nur diejenigen Instrumente, die in der praktischen Anwendung zu bemerkenswerten Ergebnissen führen, werden in den Tools eingesetzt.

Die New Life Tools basieren auf folgenden Leitgedanken:

<u>100 % Guru-frei</u>

Kein Weisheitslehrer ist notwendig, um Sie bei Ihrer Persönlichkeitsentwicklung zu begleiten. New Life Tools sind frei von religiösen Lehrmeinungen oder sonstigen ideologisch geprägten Weltanschauungen. Ihre Intuition und Ihr eigener Verstand werden Sie bei der Selbstentdeckung führen.

<u>Einfache praktische Anwendung</u>

Das Tool ist rasch und leicht anwendbar. Was so einfach klingt, enthält jedoch viel komprimiertes Wissen und Know-how. Im Endeffekt sparen Sie Zeit und Geld, weil Sie nicht meterweise Bücher zu lesen brauchen.

<u>Ihre persönlichen Erfahrungen sind die Ausgangsbasis</u>

Es werden hier keine Lehren vermittelt oder sonstige Wahrheitsversprechungen gemacht. Zuallererst zählen Ihre persönlichen Erfahrungen. Darauf aufbauend, können Sie mit den New Life Tools weitere Einsichten gewinnen.

Aufmerksamkeit als wichtiges Instrument

Das, was Sie wirklich ausmacht, zeigt sich, jenseits von Allgemeinplätzen und vorgefertigten Antworten, in Ihrem individuellen Erleben. Aufmerksamkeit und genaues Beobachten ist der Schlüssel zur Selbsterkenntnis.

Intuitives Wissen

Ganzheitlichem Denken gehört die Zukunft. Damit ist eine umfassende Art des Erkennens gemeint, in der Intuition – neben kognitiver Intelligenz – eine wichtige Rolle spielt. Intuitives Wissen führt in manchen Fragen weiter als rationales Denken.

Die Autorin

Dr. Dorothea Kress

Soziologin, Dozentin, Coach, Mentorin, Expertin für qualitative Methoden der empirischen Sozialforschung.

Tätigkeiten in der wissenschaftlichen Forschung, Projekt-Evaluierung, Karriereberatung und Gründungsförderung. Coaching von Unternehmensgründern, Menschen auf dem Weg in die Selbständigkeit und bei beruflicher Neuorientierung.

Als Soziologin habe ich gesellschaftliche Veränderungsprozesse im Blick. Mein spezielles Interesse gilt der Entwicklung von Soft Skills und erweiterten Kompetenzen. In meiner Ausbildung habe ich gelernt, die richtigen Fragen zu stellen, um verborgenen Denk- und Verhaltensmustern auf die Spur zu kommen.

Mit den New Life Tools möchte ich den Lesern einfache Instrumente in die Hand geben, damit sie ihr Leben leichter, freier und selbstbestimmt gestalten können.

Die im Buch vorgestellten Methoden und Verfahren wurden mit großer Sorgfalt und nach bestem Wissen von der Autorin recherchiert und erarbeitet. Es kann jedoch weder von der Autorin noch vom Verlag eine Garantie übernommen werden. Eine Haftung der Autorin bzw. des Verlages für Ansprüche, die in Zusammenhang mit der Anwendung der Methoden geltend gemacht werden, ist ausgeschlossen.

Die hier vorgestellten Methoden ersetzen keine Besuch bei einem Arzt oder Therapeuten.

Kontakt zur Autorin

Über Ihr Feedback und Anregungen freue ich mich.

Email: info@newlifetools.de

Weitere Bücher aus der Serie New Life Tools

Kress, Dorothea, Entdecke, was du kannst und willst! Praxisbuch Sinnsuche mit der 7-7-7 Methode: 7 Tage – 7 Fragen – 7 Minuten, 2014

Kress, Dorothea, Ich kann auch anders. Starter-Kit für den Neubeginn, 2015

Erhältlich im Buchhandel oder auf Amazon.
Informationen finden Sie auch im Internet unter:

www.newlifetools.de